AF456469

PRINCIPES DE MUSIQUE,

RÉDIGÉS

Par Mme. de Grammont,

NÉE DE RENAUD D'ALLEN,

POUR SERVIR A L'ÉTUDE DES ÉLÈVES DE SES CLASSES;

SECONDE ÉDITION.

PREMIÈRE CLASSE (*A*).

De la Musique et du Son.

1. D. Qu'est-ce que la musique? — *R.* C'est l'art de combiner les sons.

2. D. Qu'est-ce que le son? — *R.* C'est le bruit que l'on produit en chantant ou en jouant d'un instrument.

3. D. Qu'est-ce que la musique vocale? — *R.* C'est celle qui est composée pour les voix.

4. D. Qu'est-ce que la musique instrumentale? — *R.* C'est celle qui est composée pour les instrumens.

Des Lignes et Interlignes.

5. D. Qu'est-ce que les lignes? — *R.* Ce sont des traits sur lesquels on place les caractères que l'on emploie dans la musique.

6. D. Qu'est-ce que les interlignes? — *R.* Ce sont les distances qui sont entre les lignes; on y place aussi les caractères que l'on emploie dans la musique.

7. D. Combien y a-t-il de lignes et d'interlignes? — *R.* Il y a cinq lignes et quatre interlignes.

8. D. Comment compte-t-on les lignes? — *R.* On les compte de bas en haut; la ligne d'en bas est la première, celle au-dessus la seconde, etc., etc.

De la Portée.

9. D. Qu'est-ce que la portée? — *R.* C'est la réunion des cinq lignes et des quatre interlignes.

Des Lignes et Interlignes supplémentaires.

10. D. Qu'est-ce que les lignes supplémentaires?

R. Ce sont celles que l'on trace au-dessous et au-dessus de la portée; on les appelle aussi additionnelles.

11. D. Qu'est-ce que les interlignes supplémentaires?

R. Ce sont les distances qui sont entre les lignes supplémentaires.

12. D. Le nombre des lignes supplémentaires est-il fixé?

R. Non, on en trace plus ou moins au-dessous ou au-dessus de la portée, selon l'étendue des voix ou des instrumens.

PREMIÈRE CLASSE (*B*).

Des Notes, sous le rapport de leurs formes.

1. D. Qu'est-ce que les notes?

R. Ce sont les caractères dont on se sert pour représenter les sons et leur durée.

2. D. Comment place-t-on les notes?

R. On les place sur la portée.

3. D. Combien y a-t-il de différentes formes ou figures de notes?

R. Il y en a sept.

4. D. Quelles sont ces formes?

R. La ronde, la blanche, la noire, la croche, la double croche, la triple croche et la quadruple croche.

5. D. N'y a-t-il pas d'autres formes de notes?

R. Oui, il y a la maxime, la longue et la brève; mais depuis long-temps on ne se sert plus de la maxime ni de la longue; la brève qui est aussi appelée quarrée, est encore employée dans la musique religieuse.

PREMIÈRE CLASSE (*C*).

De la valeur comparative des Notes, selon leurs formes différentes.

1. D. Qu'est-ce que la valeur comparative des notes?

R. C'est l'équivalent d'une note de longue valeur, par plusieurs notes de moindre valeur.

2. D. Combien faut-il de blanches ou de noires, etc., pour remplacer une ronde?

R. Il faut deux blanches, ou quatre noires, ou huit croches, ou seize doubles croches, ou trente-deux triples croches, ou soixante-quatre quadruples croches.

3. D. Combien faut-il de noires ou de croches, etc., pour remplacer une blanche?

R. Il faut deux noires ou quatre croches, ou huit doubles croches, ou seize triples croches, ou trente-deux quadruples croches.

4. D. Combien faut-il de croches ou de doubles croches, etc., pour remplacer une noire?

R. Il faut deux croches ou quatre doubles croches, ou huit triples croches, ou seize quadruples croches.

5. D. Combien faut-il de doubles croches ou de triples croches, etc., pour remplacer une croche?

R. Il faut deux doubles croches, ou quatre triples croches, ou huit quadruples croches.

6. D. Combien faut-il de triples croches ou de quadruples croches pour remplacer une double croche?

R. Il faut deux triples croches, ou quatre quadruples croches.

7. D. Combien faut-il de quadruples croches pour remplacer une triple croche?

R. Il faut deux quadruples croches.

NOTA. La brève vaut deux rondes, la longue en vaut quatre et la maxime huit.

PREMIÈRE CLASSE (*D*).

Du Point.

1. D. Qu'est-ce que le point?

R. C'est un signe qui augmente la note de la moitié de sa valeur.

De la valeur comparative des Notes pointées, selon leurs formes différentes.

2. D. Combien faut-il de blanches, de noires, etc., etc., pour remplacer une ronde pointée?

R. Il faut trois blanches, ou six noires, ou douze croches, ou vingt-quatre doubles croches, ou quarante-huit triples croches, ou quatre-vingt-seize quadruples croches.

3. D. Combien faut-il de noires, de croches, etc., pour remplacer une blanche pointée?

R. Il faut trois noires, ou six croches, ou douze doubles croches, ou vingt-quatre triples croches, ou quarante-huit quadruples croches.

4. D. Combien faut-il de croches, de doubles croches, etc., pour remplacer une noire pointée?

R. Il faut trois croches, ou six doubles croches, ou douze triples croches, ou vingt-quatre quadruples croches.

5. D. Combien faut-il de doubles croches, de triples croches, etc., pour remplacer une croche pointée?

R. Il faut trois doubles croches, ou six triples croches, ou douze quadruples croches.

6. D. Combien faut-il de triples croches ou de quadruples croches, etc., pour remplacer une double croche pointée?

R. Il faut trois triples croches, ou six quadruples croches.

7. D. Combien faut-il de quadruples croches, pour remplacer une triple croche pointée?

R. Il faut trois quadruples croches.

8. D. Peut-on mettre deux points après les notes ?

R. Oui; les notes ainsi pointées sont augmentées des trois-quarts de leur valeur, et on les appelle notes doublement pointées.

PREMIÈRE CLASSE (*E*).

Des Silences.

1. D. Qu'est-ce que les silences?

R. Ce sont des signes muets qui remplacent les notes.

2. D. Combien y en a-t-il?

R. Il y en a sept.

3. D. Comment les nomme-t-on?

R. La pause, la demi-pause, le soupir, le demi-soupir, le quart de soupir, le huitième ou demi-quart de soupir, et le seizième de soupir.

4. D. Quelles valeurs de notes remplacent la pause, la demi-pause, etc. ?

R. La pause remplace la ronde, la demi-pause la blanche, le soupir la noire, le demi-soupir la croche, le quart de soupir la double croche, le huitième de soupir la triple croche, et le seizième de soupir la quadruple croche.

5. D. Comment place-t-on les silences?

R. On place la pause sous la quatrième ligne, la demi-pause sur la troisième ligne; on place les autres silences où l'on veut, sur la portée.

6. D. Y a-t-il d'autres silences?

R. Il y en a deux autres.

7. D. Comment les nomme-t-on ?

R. L'un s'appelle bâton de quatre pauses, l'autre, bâton de deux pauses.

8. D. A quoi servent-ils ?

R. Le bâton de quatre pauses sert à remplacer à la fois quatre pauses, et le bâton de deux pauses en remplace deux, il vaut aussi une brève.

NOTA. On peut mettre plusieurs bâtons de quatre pauses de suite, sur lesquels on met en chiffres le nombre des pauses qu'ils remplacent.

9. D. Peut-on mettre des points après les silences ?

R. Oui, on en peut mettre comme après les notes, excepté après la pause, qui, sans point, remplace une ronde pointée ou non.

10. D. Que fait le point après les silences?

R. Il les augmente de la moitié de leur valeur.

11. D. Peut-on mettre deux points après les silences, comme après les notes ?

R. Oui, les silences ainsi pointés, sont augmentés des trois-quarts de leur valeur.

NOTA. Quand on met des silences, il faut interrompre le son; si l'on veut qu'on le soutienne, on met des points.

SECONDE CLASSE (*A*).

Des Notes, sous le rapport des sons qu'elles représentent.

1. D. Combien y a-t-il de notes? *R.* Il y en a sept.

2. D. Comment les nomme-t-on? *R.* *Ut, ré, mi, fa, sol, la, si.*

3. D. Comment les pose-t-on? *R.* Sur les lignes et dans les interlignes de la portée.

De la Gamme Diatonique.

4. D. Qu'est-ce que la gamme diatonique? *R.* C'est la réunion de sept notes auxquelles on en ajoute une huitième, qui est la répétition de la première, on fait la gamme diatonique en montant et en descendant.

Nota. Diatonique veut dire qui va de suite.

5. D. La gamme diatonique peut-elle être prolongée? *R.* Oui, elle peut l'être en montant et en descendant, au moyen des lignes supplémentaires, autant que le permet l'étendue de la voix ou des instrumens.

Nota. Gamme montante ou ascendante sont synonimes.

SECONDE CLASSE (*B*).

Des Clefs.

1. D. Qu'est-ce que les clefs? *R.* Ce sont les signes que l'on place au commencement de la portée pour déterminer la position des notes.

2. D. Combien y a-t-il de clefs? *R.* Il y en a trois, qui sont la clef de *fa*, la clef d'*ut* et la clef de *sol*; chacune de ces clefs a une forme ou figure différente.

3. D. Pose-t-on les clefs sur plusieurs lignes différentes? *R.* Oui, on pose la clef de *fa* sur la troisième et quatrième ligne; la clef d'*ut* sur la première, deuxième, troisième et quatrième ligne; la clef de *sol* sur la seconde ligne.

4. D. Ne pose-t-on pas aussi la clef de *sol* sur une autre ligne? *R.* Autrefois, on la posait sur la première ligne; mais elle n'est plus usitée.

5. D. A quoi servent les clefs? *R.* Elles servent à donner le nom qu'elles portent à la note qui est posée sur la même ligne qu'elles; ainsi, quand il y a une clef de *sol* deuxième ligne, au commencement de la portée, la note qui est sur la seconde ligne s'appelle *sol*; quand il y a une clef de *fa*, quatrième ligne, la note qui est sur la quatrième ligne s'appelle *fa*; ainsi de suite pour toutes les autres clefs.

SECONDE CLASSE (*c*).

Du Grave, du Médium et de l'Aigu.

1. D. Qu'entend-on par grave? *R.* On entend par grave, les sons les plus bas que l'on puisse faire en chantant ou en jouant d'un instrument.

2. D. Qu'entend-on par aigu? *R.* On entend par aigu les sons les plus hauts que l'on puisse faire en chantant ou en jouant d'un instrument.

3. D. Qu'entend-on par médium? *R.* On entend par médium les sons qui se trouvent entre le grave et l'aigu.

4. D. Toutes les voix sont-elles de même genre? *R.* Non, il y a des voix graves, ou qui ne donnent que des sons graves; d'autres qui sont aiguës ou qui ne donnent que des sons aigus; d'autres enfin qui tiennent le milieu entre les voix basses et les voix hautes.

5. D. Quels noms donne-t-on aux voix graves? *R.* On leur donne les noms de *basse-taille* et de *concordant*, qu'on nomme en Italie *basso* et *baritono*.

6. D. Quelle clef emploie-t-on pour ces voix? *R.* On emploie la clef de *fa* quatrième ligne; cette clef est aussi pour la partie la plus basse du piano, de la harpe, etc., etc., et pour les instrumens graves, tels que le *violoncelle*, le *basson*, etc.

7. D. Quels noms donne-t-on aux voix qui ne sont ni basses ni hautes? *R.* On leur donne les noms de *taille* et de *haute-contre*, qu'on nomme en Italie *tenore* et *contralto*.

8. D. Quelles clefs emploie-t-on pour ces voix? *R.* On emploie les clefs d'*ut* quatrième ligne et troisième ligne; elles servent aussi pour les instrumens qui leur correspondent, tels que l'*alto viola* et autres.

9. D. Quels noms donne-t-on aux voix aiguës? *R.* On leur donne les noms de *bas-dessus* et de *dessus*, qu'on nomme en Italie *mezzo-soprano* et *soprano*; on dit aussi au lieu de *bas-dessus*, *second-dessus*.

10. D. Quelles clefs emploie-t-on pour ces voix? *R.* On emploie les clefs d'*ut* première ligne, et de *sol* seconde ligne; cette dernière clef sert aussi pour les instrumens aigus, tels que le *violon*, la *flûte*, etc. On l'emploie aussi pour la partie la plus haute du piano, de la harpe, etc.

Nota. On compte toujours en musique du grave à l'aigu, ce qui veut dire de bas en haut.

SECONDE CLASSE (*D*).

De la Mesure.

1. D. Qu'est-ce que la mesure? *R.* C'est le partage d'un morceau de musique en parties égales.

2. D. Comment sépare-t-on les mesures les unes des autres? *R.* On les sépare par des traits posés sur la portée, que l'on nomme barres de séparation.

3. D. Comment partage-t-on chaque mesure ?

R. On les partage en parties égales, que l'on nomme temps.

4. D. Comment marque-t-on ces temps ?

R. Par des mouvemens égaux de la main, ce qui s'appelle battre la mesure.

5. D. Y a-t-il plusieurs manières de battre la mesure ?

R. Oui, on la bat à quatre temps, à trois temps et à deux temps.

6. D. Les temps d'une mesure ne sont-ils pas divisés en deux espèces?

R. Oui, on les divise en temps forts et en temps faibles; on appelle temps fort d'une mesure celui que l'on fait sentir davantage parce qu'il la commence ou qu'il en est une partie essentielle.

7. D. Dans les mesures que l'on bat à quatre temps, quels sont les temps forts et les temps faibles?

R. Les temps forts sont le premier et le troisième, et les temps faibles, le second et le quatrième.

8. D. Dans les mesures que l'on bat à trois temps, quel est le temps fort et quels sont les temps faibles?

R. Le temps fort est le premier, et les temps faibles sont le second et le troisième; cependant, quelquefois le second ou le troisième sont forts.

9. D. Dans les mesures que l'on bat à deux temps, quel est le temps fort, et quel est le temps faible?

R. Le temps fort est le premier et le temps faible est le second.

10. D. Un temps est-il divisé en partie forte et en partie faible ?

R. Oui, le temps est susceptible d'être divisé comme la mesure en partie forte et en partie faible; la première partie est la forte, la seconde est la faible.

SECONDE CLASSE (*E*).

Division des Mesures.

1. D. Comment les mesures sont-elles divisées?

R. Elles le sont en mesures simples et en mesures composées.

Mesures simples.

2. D. Quelles sont les mesures simples?

R. Les mesures simples sont la mesure à quatre temps, qui se marque par un C ou un 4.

La mesure à trois temps, qui se marque par un 3 ou un 3 et un 4 dessous.

La mesure à trois huit, qui se marque par un 3 et un 8 dessous, elle se bat à trois temps.

La mesure à deux temps, qui se marque par un 2 ou un C barré.

La mesure à deux quatre, qui se marque par un 2 et un 4 dessous, elle se bat à deux temps.

3. D. Combien faut-il de rondes,

R. Pour la mesure à quatre temps, il faut une ronde, ou 2 blan-

ou de blanches, ou de noires, etc., pour la valeur des mesures simples?

ches, ou 4 noires, ou 8 croches, ou 16 doubles croches, ou 32 triples croches, ou 64 quadruples croches.

Pour la mesure à trois temps ou à trois quatre, il faut *une* blanche pointée, ou 3 noires, ou 6 croches, ou 12 doubles croches, ou 24 triples croches, ou 48 quadruples croches.

Pour la mesure à trois huit, il faut *une* noire pointée, ou 3 croches, ou 6 doubles croches, ou 12 triples croches ou 24 quadruples croches.

La mesure à deux temps se compose des mêmes valeurs que celle à quatre temps.

Pour la mesure à deux quatre, il faut *une* blanche, ou 2 noires, ou 4 croches, ou 8 doubles croches, ou 16 triples croches, ou 32 quadruples croches.

Mesures Composées.

4. D. Quelles sont les mesures composées?

R. Les mesures composées sont la mesure à douze huit, qui se marque par 12, avec un 8 dessous; elle dérive de la mesure à quatre temps, et se bat de même;

La mesure à neuf huit, qui se marque par un 9 et un 8 dessous; elle dérive de la mesure à trois temps ou à trois quatre, et se bat de même;

La mesure à neuf seize, qui se marque par un 9, sous lequel on met 16; elle dérive de la mesure à trois huit et se bat de même;

La mesure à six quatre, qui se marque par un 6 et un 4 dessous; elle dérive de la mesure à deux temps, et se bat de même;

La mesure à six huit, qui se marque par un 6 et un 8 dessous; elle dérive de la mesure à deux quatre, et se bat de même.

5. D. Combien faut-il de rondes, ou de blanches, ou de noires, etc., pour la valeur des mesures composées?

R. Pour la mesure à douze huit, il faut *une* ronde pointée, ou 2 blanches pointées, ou 4 noires pointées, ou 12 croches, ou 24 doubles croches, ou 48 triples croches, ou 96 quadruples croches.

Pour la mesure à neuf huit, il faut *une* blanche pointée et *une* noire pointée, ou 3 noires pointées, ou 9 croches, ou 18 doubles croches, ou 36 triples croches, ou 72 quadruples croches.

Pour la mesure à neuf seize, il faut *une* noire pointée et *une* croche pointée, ou 3 croches pointées, ou 9 doubles croches, ou 18 triples croches, ou 36 quadruples croches.

Pour la mesure à six quatre, il faut *deux* blanches pointées, ou 6 noires, ou 12 croches, ou 24 doubles croches, ou 48 triples croches, ou 96 quadruples croches.

Pour la mesure à six huit, il faut *deux* noires pointées, ou 6 croches, ou 12 doubles croches, ou 24 triples croches, ou 48 quadruples croches.

SECONDE CLASSE (*F*).

Nom qu'on donne aux chiffres, quand il y en a deux pour indiquer la mesure, et de ce que ces deux chiffres signifient.

1. D. Quand il y a deux chiffres pour indiquer la mesure, quel nom leur donne-t-on?

R. Celui de dessus s'appelle supérieur, et celui de dessous inférieur.

2. D. Qu'est-ce que le chiffre supérieur indique?

R. Il indique la quantité de notes qui composent la mesure.

3. D. Qu'est-ce que le chiffre inférieur indique?

R. Il indique la figure ou valeur des notes qui composent la mesure.

EXEMPLES.

Douze huit veut dire 12 fois la huitième partie de la ronde, ou 12 croches pour la mesure.

Trois quatre veut dire 3 fois la quatrième partie de la ronde, ou 3 noires pour la mesure.

Trois huit veut dire 3 fois la huitième partie de la ronde, ou 3 croches pour la mesure.

Neuf huit veut dire 9 fois la huitième partie de la ronde, ou 9 croches pour la mesure.

Neuf seize veut dire 9 fois la seizième partie de la ronde, ou 9 doubles croches pour la mesure.

Deux quatre veut dire 2 fois la quatrième partie de la ronde, ou 2 noires pour la mesure.

Six quatre veut dire 6 fois la quatrième partie de la ronde, ou 6 noires pour la mesure.

Six huit veut dire 6 fois la huitième partie de la ronde, ou 6 croches pour la mesure.

Nota. On voit que les mesures composées sont celles dont le chiffre supérieur indique un nombre de notes que les temps de la mesure divisent par trois.

4. D. Dans les mesures simples, le chiffre supérieur indique-t-il seulement la quantité de notes qui composent la mesure?

R. Non, il indique aussi le nombre de temps.

Nota. Il peut y avoir des changemens de mesure pendant le cours d'un morceau.

5. D. Existe-t-il d'autres mesures que celles indiquées ci-dessus?

R. Oui, il y en a plusieurs autres qui ne sont pas usitées.

Dans les mesures simples, il y a :

La mesure double à quatre temps, appelée quatre deux, qui se marque par un 4 et un 2 dessous, ou par ce signe ( ).

La mesure à trois temps, appelée trois un, qui se marque par un 3 et un 1 dessous.

La mesure large à trois temps, appelée trois deux, qui se marque par un trois et un 2 dessous.

La mesure double à deux temps, appelée deux un, qui se marque par 2 et 1 dessous, ou par ce signe (|).

La mesure rapide à deux temps, appelée deux huit, qui se marque par un 2 et un 8 dessous.

6. D. Quelles sont les mesures composées qui dérivent de ces mesures?

R. La mesure à douze quatre, qui se marque par 12 et un 4 dessous, ou par ce signe (:); elle dérive de la mesure à quatre deux.

La mesure à neuf deux, qui se marque par un 9 et un 2 dessous; elle dérive de la mesure à trois un.

La mesure à neuf quatre, qui se marque par un 9 et un 4 dessous; elle dérive de la mesure à trois deux.

La mesure à six deux, qui se marque par un 6 et un 2 dessous; elle dérive de la mesure à deux un.

La mesure à six seize, qui se marque par un 6 et 16 dessous; elle dérive de la mesure à deux huit.

Nota. Quelques auteurs ont employé la mesure à vingt-quatre seize, qui est la même pour les valeurs que celle à douze huit; la mesure à douze seize a été employée aussi, mais elle est la même que la mesure à six huit.

SECONDE CLASSE (*G*).

Du Triolet.

1. D. Qu'est-ce que le triolet?

R. C'est l'assemblage de trois notes de même valeur, qui ne comptent dans la mesure que pour deux; on appelle aussi le triolet triade et trois pour deux.

2. D. Pour distinguer plus facilement les triolets, qu'est-ce que l'on place au-dessus?

R. On y met un 3 avec un trait recourbé dessus.

Nota. On fait aussi des six pour quatre, qui sont six notes de même valeur, surmontées d'un six; qui ne comptent, dans la mesure, que pour quatre. On peut même, en employant des valeurs brèves, mettre une, deux ou trois notes de plus ou de moins qu'il ne le faut pour la mesure et on les surmonte du chiffre indiquant leur nombre.

De la Reprise.

3. D. Qu'est-ce que la reprise ?

R. C'est une partie d'un morceau de chant ou d'instrument.

4. D. Comment marque-t-on les reprises ?

R. On les marque par deux barres posées sur la portée, on les nomme barres de reprise.

5. D. Que met-on à ces barres, quand on veut indiquer que la reprise doit être recommencée ?

R. On y met deux points, l'un dans le deuxième interligne et l'autre dans le troisième.

6. D. Comment s'appellent ces mêmes barres lorsqu'elles sont placées à la fin d'un morceau ?

R. Elles s'appellent barres de terminaison.

Nota. Souvent une reprise se termine par deux mesures, dont la première est surmontée du N°. 1, et la seconde, du N°. 2; alors, quand on veut recommencer la reprise, on fait le N°. 1; et lorsqu'on veut aller à l'autre reprise, on ne fait pas le N°. 1, et on passe au N°. 2.

SECONDE CLASSE (*II*).

De la Syncope.

1. D. Qu'est-ce que la syncope?

R. C'est la prolongation d'un son, dans la première partie duquel se trouve un temps faible, ou une partie faible d'un temps; et dans la seconde partie duquel se trouve un temps fort, ou une partie forte d'un temps.

2. D. Comment marque-t-on les syncopes ?

R. On les marque par un trait recourbé, que l'on place entre deux notes du même nom, posées sur la même ligne, ou dans le même interligne.

3. D. A quoi sert ce trait?

R. Il empêche de répéter la seconde note sur laquelle on prolonge le son.

4. D. Peut-on marquer les syncopes d'une autre manière?

R. Oui; une note longue entre deux brèves, forme aussi une syncope, telle qu'une blanche entre deux noires, ou une noire entre deux croches, etc. ; plusieurs notes longues placées de suite peuvent aussi former des syncopes, pourvu qu'elles soient précédées et suivies d'une note brève ou d'un silence équivalent.

5. D. Comment nomme-t-on une syncope entre deux notes de même valeur ?

R. On la nomme syncope régulière.

6. D. Comment nomme-t-on une syncope entre deux notes de différentes valeurs?

R. On la nomme syncope brisée.

On peut mettre un point à la place de la seconde note d'une syncope brisée, commencée dans une mesure, et finie dans la suivante.

TROISIÈME CLASSE (*A*).

Des Degrés.

1. D. Qu'est-ce que le degré ? — *R.* C'est la distance qu'il y a entre deux notes, soit en montant, soit en descendant.

2. D. Combien y a-t-il de degrés ? — *R.* Il y en a deux.

3. D. Quels sont-ils? — *R.* Le degré conjoint et le degré disjoint.

4. D. Qu'est-ce que le degré conjoint ? — *R.* C'est celui que forment deux notes qui se suivent, soit en montant, soit en descendant, comme dans la gamme diatonique.

5. D. Qu'est-ce que le degré disjoint? — *R.* C'est celui que forment deux notes séparées par une distance plus ou moins grande, soit en montant, soit en descendant.

TROISIÈME CLASSE (*B*).

De l'Unisson.

1. D. Comment forme-t-on l'unisson ? — *R.* On le forme en posant deux notes du même nom, sur la même ligne ou dans le même interligne.

De l'Intervalle.

2. D. Qu'est-ce que l'intervalle? — *R.* C'est la distance qu'il y a d'un son grave à un son aigu, ou d'un son aigu à un son grave.

3. D. Combien y a-t-il d'intervalles? — *R.* Il y en a sept simples, qui sont la seconde, la tierce, la quarte, la quinte, la sixte, la septième et l'octave.

4. D. Peut-on redoubler ces intervalles à l'octave? — *R.* Oui; ce qui fait sept autres intervalles, qui sont la neuvième, la dixième, la onzième, la douzième, la treizième, la quatorzième et la quinzième, qui est la double octave.

Du Renversement des Intervalles.

5. D. Qu'est-ce que le renversement d'un intervalle? — *R.* Pour les sept intervalles simples, c'est le déplacement du son grave, porté à une octave plus aiguë ; ou le déplacement du son aigu porté à une octave plus grave. Pour les sept intervalles redoublés, c'est le déplacement du son grave, porté à trois octaves plus aiguës; ou le déplacement du son aigu , porté à trois octaves plus graves.

6. D. Tous les intervalles peuvent-ils être renversés? — *R.* Oui.

7. D. Que deviennent les sept intervalles simples renversés?

R. La seconde devient une septième, la tierce une sixte, la quarte une quinte, la quinte une quarte, la sixte une tierce, la septième une seconde, l'octave un unisson.

8. D. Que deviennent les intervalles redoublés renversés?

R. La neuvième devient une quatorzième, la dixième une treizième, la onzième une douzième, la douzième une onzième, la treizième une dixième, la quatorzième une neuvième, et la quinzième une octave.

TROISIÈME CLASSE (*C*).

De la Mélodie.

1. D. Qu'est-ce que la mélodie?

R. C'est une succession de sons entendus les uns après les autres.

De l'Harmonie.

2. D. Qu'est-ce que l'harmonie?

R. C'est la réunion de plusieurs sons qui doivent s'entendre ensemble.

3. D. Que forme-t-on par la réunion de plusieurs sons?

R. On forme des accords.

TROISIÈME CLASSE (*D*).

Du Ton et du Demi-Ton.

1. D. Qu'est-ce que la gamme diatonique renferme?

R. Elle renferme cinq tons et deux demi-tons.

2. D. Qu'est-ce que le ton?

R. C'est l'intervalle qu'il y a d'*ut* à *ré*, de *ré* à *mi*, de *fa* à *sol*, de *sol* à *la*, de *la* à *si*, en montant; et de *si* à *la*, de *la* à *sol*, de *sol* à *fa*, de *mi* à *ré*, et de *ré* à *ut* en descendant.

3. D. Qu'est-ce que le demi-ton?

R. C'est l'intervalle qu'il y a de *mi* à *fa*, de *si* à *ut*, en montant; et d'*ut* à *si*, de *fa* à *mi*, en descendant. Il faut deux demi-tons pour un ton.

Nota. Semi-ton et demi-ton son synonimes.

Des Signes Altératifs.

4. D. Qu'est-ce qu'un signe altératif?

R. C'est un signe que l'on place devant une note pour en changer l'intonation, soit en la haussant, soit en la baissant.

5. D. Quels sont les signes altératifs?

R. Les signes altératifs sont le *dièse*, le *bémol*, le *bécarre*, le *double dièse* et le *double bémol*.

6. D. Combien y a-t-il de dièses, de bémols et de bécarres ?

R. Il y a sept dièses, qui sont *fa, ut, sol, ré, la, mi, si*; il y a sept bémols, qui sont *si, mi, la, ré, sol, ut, fa*; et il y a autant de bécarres qu'il y a de dièses et de bémols.

7. D. Combien y a-t-il de doubles dièses ?

R. Il y en a cinq, qui sont *fa, ut, sol, ré, la.*

8. D. Combien y a-t-il de doubles bémols ?

R. Il y en a cinq, qui sont *si, mi, la, ré, sol.*

Effets du Dièse, du Bémol, du Bécarre, du Double Dièse et du Double Bémol.

9. D. Quels effets produisent les dièses, bémols, bécarres, doubles dièses et doubles bémols ?

R. Le dièse hausse la note d'un demi-ton, le bémol la baisse d'un demi-ton, le bécarre rend naturelle une note qui a été diésée ou bémolisée ; il baisse la note d'un demi-ton, quand on l'emploie après le dièse ; il la hausse d'un demi-ton, quand on l'emploie après le bémol.

Le double dièse hausse la note, déjà diésée, d'un demi-ton ; et le double bémol baisse la note, déjà bémolisée, d'un demi-ton.

TROISIÈME CLASSE (*E*).

Des différens Demi-Tons.

1. D. Combien y a-t-il de différens demi-tons ?

R. Il y en a deux ; qui sont le demi-ton diatonique, ou majeur, et le demi-ton chromatique, ou mineur.

2. D. Qu'est-ce que le demi-ton diatonique ?

R. C'est celui qui est formé par deux notes d'un nom différent, mais qui se suivent immédiatement sur la portée, comme dans la gamme diatonique.

3. D. Qu'est-ce que le demi-ton chromatique ?

R. C'est celui qui est formé par deux notes du même nom, posées sur la même ligne, ou dans le même interligne, et dont l'une est altérée par un signe altératif quelconque.

Des Genres.

4. D. Qu'est-ce que les genres ?

R. On appelle genres les différentes espèces de mélodie.

5. D. Combien y a-t-il de genres ?

R. Il y en a trois.

6. D. Quels sont-ils ?

R. Le genre diatonique, le genre chromatique et le genre enharmonique.

7. D. Qu'est-ce que le genre diatonique ?

R. C'est celui qui procède par tons et par demi-tons.

8. D. Qu'est-ce que le genre chromatique ?

R. C'est celui qui procède par demi-tons.

9. D. Qu'est-ce que le genre enharmonique?

R. C'est celui que forment deux notes d'un nom différent, et dont la plus basse est diésée ou doublement diésée, et la plus haute naturelle ou bémolisée, comme de *si* dièse à *ut* naturel, d'*ut* dièse à *ré* bémol, d'*ut* double dièse à *ré* naturel, etc.

Le genre enharmonique est aussi formé par deux notes, dont la plus basse est naturelle, et la plus haute bémolisée, ou doublement bémolisée, comme de *mi* naturel à *fa* bémol, de *fa* naturel à *sol* double bémol, etc.

Sur le piano ou la harpe et quelques autres instrumens, la même touche ou corde sert pour les deux notes enharmoniques; mais en les chantant, la note diésée se fait un peu plus haut que celle bémolisée, cette différence est évaluée à un huitième ou neuvième de ton que l'on appelle *comma*.

Nota. Chaque genre a sa gamme; on en chante deux, qui sont la diatonique et la chromatique; mais on ne chante pas la gamme enharmonique, à cause de la difficulté qu'offre la différence d'intonation qu'il y a entre les notes diésées et celles bémolisées

TROISIÈME CLASSE (*F*).

Des différens Genres d'Intervalles.

1. D. Combien y a-t-il de genres d'intervalles?

R. Il y en a quatre.

2. D. Comment les nomme-t-on?

R. Le majeur, le mineur, le diminué et l'augmenté ou superflu; la quarte et la quinte prennent le titre d'inaltérées, on peut pourtant dire simplement quarte quinte.

3. D. Combien y a-t-il de secondes?

R. Trois : la seconde mineure, la seconde majeure et la seconde augmentée.

4. D. De quoi est composée une seconde mineure?

R. D'un demi-ton diatonique.

D. Une seconde majeure?

R. D'un ton.

D. Une seconde augmentée?

R. D'un ton et un demi-ton chromatique.

5. D. Combien y a-t-il de tierces?

R. Trois : la tierce diminuée, la tierce mineure, et la tierce majeure.

6. D. De quoi est composée une tierce diminuée?

R. De deux demi-tons diatoniques.

D. Une tierce mineure?

R. D'un ton et un demi-ton diatonique.

D. Une tierce majeure?

R. De deux tons.

7. D. Combien y a-t-il de quartes?

R. Trois : la quarte diminuée, la quarte inaltérée et la quarte augmentée.

8. D. De quoi est composée la quarte diminuée?

R. D'un ton et deux demi-tons diatoniques.

D. La quarte inaltérée?

R. De deux tons et un demi-ton diatonique.

D. La quarte augmentée?

R. De trois tons.

9. D. Combien y a-t-il de quintes ? — R. Trois: la quinte diminuée, la quinte inaltérée et la quinte augmentée.

10. D. De quoi est composée la quinte diminuée ? — R. De deux tons et deux demi-tons diatoniques.
D. La quinte inaltérée ? — R. De trois tons et un demi-ton diatonique.
D. La quinte augmentée ? — R. De trois tons, un demi-ton diatonique et un demi-ton chromatique.

11. D. Combien y a-t-il de sixtes? — R. Trois: la sixte mineure, la sixte majeure et la sixte augmentée.

12. D. De quoi est composée une sixte mineure ? — R. De trois tons et deux demi-tons diatoniques.
D. Une sixte majeure? — R. De quatre tons et un demi-ton diatonique.
D. Une sixte augmentée ? — R. De quatre tons, un demi-ton diatonique et un demi-ton chromatique.

13. D. Combien y a-t-il de septièmes ? — R. Trois : la septième diminuée, la septième mineure et la septième majeure.

14. D. De quoi est composée une septième diminuée? — R. De trois tons et trois demi-tons diatoniques.
D. Une septième mineure? — R. De quatre tons et deux demi-tons diatoniques.
D. Une septième majeure? — R. De cinq tons et un demi-ton diatonique.

15. D. De quoi est composée une octave ? — R. De cinq tons et deux demi-tons diatoniques.

TROISIÈME CLASSE (*G*).

Renversement des différens genres d'Intervalles.

1. D. Que devient une seconde mineure renversée ? — R. Une septième majeure.
D. Une seconde majeure ? — R. Une septième mineure.
D. U[illegible]onde augmentée ? — R. Une septième diminuée.

2. D. Que devient une tierce diminuée renversée ? — R. Une sixte augmentée.
D. Une tierce mineure? — R. Une sixte majeure.
D. Une tierce majeure ? — R. Une sixte mineure.

3. D. Que devient une quarte diminuée renversée ? — R. Une quinte augmentée.
D. Une quarte inaltérée — R. Une quinte inaltérée.
D. Une quarte augmentée ? — R. Une quinte diminuée.

4.	D. Que devient une quinte diminuée renversée ?	R. Une quarte augmentée.
	D. Une quinte inaltérée ?	R. Une quarte inaltérée.
	D. Une quinte augmentée ?	R. Une quarte diminuée.
5.	D. Que devient une sixte mineure renversée ?	R. Une tierce majeure.
	D. Une sixte majeure ?	R. Une tierce mineure.
	D. Une sixte augmentée ?	R. Une tierce diminuée.
6.	D. Que devient une septième diminuée renversée ?	R. Une seconde augmentée.
	D. Une septième mineure ?	R. Une seconde majeure.
	D. Une septième majeure ?	R. Une seconde mineure.

QUATRIÈME CLASSE (*A*).

Du Ton.

1. D. Le mot ton a-t-il plusieurs significations ?

R. Oui ; on le considère premièrement comme intervalle diatonique, tel que d'*ut* à *ré*, de *ré* à *mi*, etc ;

Secondement, on le considère comme le degré d'abaissement ou d'élévation qu'il faut prendre pour chanter ou pour accorder les instrumens ;

Troisièmement, le ton désigne qu'un morceau de chant ou d'instrument est en *ut*, ou en *ré*, ou en *mi*, etc.

2. D. Comment le ton se détermine-t-il ?

R. En établissant à demeure à la clef, des dièses, des bémols, des doubles dièses ou des doubles bémols ; quel que soit celui de ces signes que l'on établisse à la clef, il altère toutes les notes de son nom qui se trouvent dans le courant d'un morceau ; par conséquent, ces notes sont diésées si ce sont des dièses qui sont à la clef, ou bémolisées, si ce sont des bémols qui sont à la clefs ; si l'on voulait rendre ces notes naturelles, il faudrait mettre devant un bécarre qui ne rendrait la note naturelle que pendant le cours de la mesure où on l'aurait placé ; et dans la mesure suivante, si la même note se rencontrait et qu'on voulût la rendre naturelle, il faudrait de nouveau mettre devant un bécarre, ou bien elle redeviendrait altérée par le dièse ou le bémol de son nom qui serait à la clef.

3. D. Quand se sont des dièses qui sont à la clef, comment les pose-t-on ?

R. On les pose de quinte en quinte en montant.

4. D. Où pose-t-on le premier dièse ?

R. On le pose sur le *fa*.

D. Le second?
R. Sur l'*ut*.

D. Le troisième?
R. Sur le *sol*.

D. Le quatrième?
R. Sur le *ré*.

D. Le cinquième?
R. Sur le *la*.

D. Le sixième?
R. Sur le *mi*.

D. Le septième?
R. Sur le *si*.

5. D. Les doubles dièses suivent-ils la même règle que les dièses?
R. Oui; on les pose de même, mais tous ne sont pas usités; ceux dont on se sert sont le *fa*, l'*ut* et le *sol*, et on ne les met à la clef qu'à la suite des sept dièses.

6. D. Quand ce sont des bémols qui sont à la clef, comment les pose-t-on?
R. On les pose de quinte en quinte, en descendant.

7. D. Où pose-t-on le premier bémol?
R. Sur le *si*.

D. Le second?
R. Sur le *mi*.

D. Le troisième?
R. Sur le *la*.

D. Le quatrième?
R. Sur le *ré*.

D. Le cinquième?
R. Sur le *sol*.

D. Le sixième?
R. Sur l'*ut*.

D. Le septième?
R. Sur le *fa*.

8. D. Les doubles bémols suivent-ils la même règle que les bémols?
R. Oui; on les pose de même, mais il n'y en a qu'un qui soit usité, c'est le *si*, et on ne le met à la clef qu'à la suite des sept bémols.

QUATRIÈME CLASSE (*B*).

Du Ton majeur et du Ton mineur.

1. D. Le ton considéré sous la troisième signification ne peut-il pas être de deux genres différens?
R. Oui; il y a des tons majeurs et des tons mineurs.

2. D. Qu'est-ce qu'un ton majeur?
R. C'est celui qui a la tierce et la sixte majeure.

3. D. Qu'est-ce qu'un ton mineur?
R. C'est celui qui a la tierce et la sixte mineure.

4. D. Il y a-t-il autant de tons mineurs que de tons majeurs?
R. Oui; chaque ton majeur a son ton relatif mineur, qui est posé une tierce mineure au-dessous.

5. D. Que veut dire relatif?
R. Relatif exprime le rapport qu'il y a entre deux tons, l'un majeur, l'autre mineur, qui n'ont rien à la clef, ou qui ont le même nombre de dièses, de doubles dièses, de bémols, ou de

doubles bémols posés à la clef; un ton quelconque est encore en rapport avec son ton relatif, par deux notes qui leur sont communes; effectivement, la tierce du ton majeur devient la quinte inaltérée du ton relatif mineur, et par conséquent la quinte inaltérée du ton mineur devient la tierce du ton relatif majeur; et la première note du ton majeur devient la tierce du ton mineur.

6. D. Comment nomme-t-on la réunion de la tierce et de la quinte à la première note du ton?

R. On la nomme accord parfait, on y peut joindre la répétition à l'octave de la première note du ton, l'accord parfait est majeur dans les tons majeurs, il est mineur dans les tons mineurs.

7. D. Il y a-t-il d'autres accords que l'accord parfait?

R. Oui il y en a beaucoup d'autres qu'on apprend à connaître en étudiant l'harmonie.

QUATRIÈME CLASSE (*c*).

Du Nom que l'on peut donner aux notes de la Gamme diatonique.

1. D. Peut-on donner aux notes de la gamme diatonique d'autres noms que ceux de première note, seconde note, troisième note, etc?

R. Oui, la première s'appelle aussi tonique, la seconde, sus-tonique, la troisième, médiante; la quatrième, sous-dominante; la cinquième, dominante; la sixième, sus-dominante; la septième, note sensible; la huitième, tonique répliquée, ou octave de la tonique.

Tonique équivaut à première note du ton; sus-tonique équivaut à seconde note du ton, etc.

2. D. A quelle distance la note sensible se trouve-t-elle de la première note du ton?

R. Elle se trouve toujours un demi-ton au-dessous de la note du ton.

Des Gammes Majeures et Mineures.

3. D. Il y a-t-il autant de gammes que de tons?

R. Oui; chaque ton majeur et mineur a sa gamme.

4. D. Dans les gammes majeures, où sont placés les demi-tons?

R. Il y en a un de la troisième à la quatrième note, et un de la septième à la huitième note; ces deux demi-tons sont diatoniques.

5. D. Dans les gammes mineures, où sont placés les demi-tons?

R. Il y en a un de la deuxième à la troisième note, un de la cinquième à la sixième note et un de la septième à la huitième note; ces demi-tons sont diatoniques. Dans les gammes mineures, afin que la septième note soit sensible, on place devant un dièse ou un bécarre qui la hausse d'un demi-ton chromatique, ce qui produit, de la sixième note à la septième, un intervalle de seconde augmentée.

QUATRIÈME CLASSE (*D*).

Tableau de tous les Tons majeurs et mineurs, avec des dièses et doubles dièses posés à la clef.

1. D. Dans quel ton est-on lorsqu'il n'y a ni dièse ni bémol à la clef?
R. On est en *ut* majeur, ou en *la* mineur.

2. D. Dans quel ton est-on avec un dièse à la clef?
R. On est en *sol* majeur, ou en *mi* mineur.

3. D. Avec deux dièses?
R. En *ré* majeur, ou en *si* mineur.

4. D. Avec trois dièses?
R. En *la* majeur, ou en *fa* dièse mineur.

5. D. Avec quatre dièses?
R. En *mi* majeur, ou en *ut* dièse mineur.

6. D. Avec cinq dièses?
R. En *si* majeur, ou en *sol* dièse mineur.

7. D. Avec six dièses?
R. En *fa* dièse majeur, ou en *ré* dièse mineur.

8. D. Avec sept dièses?
R. En *ut* dièse majeur, ou en *la* dièse mineur.

9. D. Avec sept dièses et un double dièse, en quel ton est-on?
R. En *sol* dièse majeur, ou en *mi* dièse mineur.

10. D. Avec sept dièses et deux doubles dièses?
R. En *ré* dièse majeur, ou en *si* dièse mineur.

11. D. Avec sept dièses et trois doubles dièses?
R. En *la* dièse majeur, ou en *fa* double dièse mineur.

12. D. Ces trois derniers tons sont-ils usités?
R. Non; on les emploie rarement.

Nota. A partir du ton de *sol*, le dernier dièse, posé à la clef, devient la note sensible du ton majeur.

QUATRIÈME CLASSE (*E*).

Tableau de tous les tons majeurs et mineurs, avec des bémols et doubles bémols posés à la clef.

1. D. Dans quel ton est-on avec un bémol à la clef?
R. On est en *fa* majeur, ou en *ré* mineur.

2. D. Avec deux bémols?
R. En *si* bémol majeur, ou en *sol* mineur.

3. D. Avec trois bémols?
R. En *mi* bémol majeur, ou en *ut* mineur.

4. D. Avec quatre bémols?
R. En *la* bémol majeur, ou en *fa* mineur.

5. D. Avec cinq bémols? — R. En *ré* bémol majeur, ou en *si* bémol mineur.

6. D. Avec six bémols? — R. En *sol* bémol majeur, ou en *mi* bémol mineur.

7. D. Avec sept bémols? — R. En *ut* bémol majeur, ou en *la* bémol mineur.

8. D. Avec sept bémols et un double bémol, en quel ton est-on? — R. En *fa* bémol majeur, ou en *ré* bémol mineur.

9. D. Ce dernier ton est-il usité? — R. Non; on l'emploie rarement.

Nota. A partir du ton de *si* bémol, l'avant dernier bémol, posé à la clef, devient la tonique du ton majeur.

10. D. Pose-t-on des bécarres à la clef? — R. Oui; dans un morceau, si l'on veut passer d'un ton qui ait plusieurs signes altératifs à un autre ton qui en ait moins ou qui n'en ait pas, on peut poser des bécarres à la place des signes altératifs que l'on retranche; cependant souvent on n'en met pas.

11. D. Comment nomme-t-on les changemens de tons dans un morceau? — R. On les nomme modulations.

Nota. L'intonation du ton et demi, qui se trouve entre la sixième note et la note sensible, dans la gamme mineure, étant difficile à entonner, on se sert aussi d'une autre manière de faire cette gamme, par laquelle on évite cette intonation.

Observations sur la gamme mineure.

1. D. Que fait-on pour éviter l'intonation d'un ton et demi, dans la gamme mineure? — R. On rend la sixte majeure, dans la gamme ascendante, et on ôte la note sensible, dans la gamme descendante.

2. D. Que résulte-t-il de ces altérations? — R. Il résulte plusieurs inconvéniens; premièrement, on a une gamme d'une espèce en montant et d'une autre en descendant, tandis qu'une gamme doit être conforme dans les deux sens;

Secondement, on a une sixte majeure, qui doit toujours être mineure comme la tierce; troisièmement, on n'a pas de note sensible en descendant, de sorte que le ton n'est caractérisé dans aucun sens; en montant, en ajoutant un dièse ou un bécarre à la tierce, on serait en majeur; en descendant, comme il n'y a pas de note sensible, ou pourrait être également dans le ton majeur relatif.

On emploie pourtant cette gamme dans des morceaux, et elle y produit un bon effet; mais il ne faut pas s'en servir pour indiquer le ton.

QUATRIÈME CLASSE (*F.*)

Des Signes accidentels.

1. D. Peut-on placer les dièses, bémols, bécarres, doubles dièses, doubles bémols autrement qu'à la clef?

R. Oui; on les place aussi dans le cours d'un morceau sans qu'ils soient à la clef.

2. D. Quand on emploie les signes altératifs de cette manière, comment les nomme-t-on?

R. On les nomme signes altératifs accidentels ou accidens.

3. D. Ces signes accidentels altèrent-ils toutes les notes de leur nom qui sont dans le cours d'un morceau?

R. Non; ils n'ont d'effet que sur les notes devant lesquelles on les place, et sur celles de leur nom qui se rencontrent après dans même mesure.

4. D. Si l'on voulait, avant la fin de la mesure, rendre naturelle une note altérée par un signe accidentel, que faudrait-il faire?

R. Il faudrait mettre un bécarre devant.

5. D. Si l'on voulait que dans la mesure suivante, la même note fût altérée, que faudrait-il faire?

R. Il faudrait remettre devant les mêmes signes altératifs.

6. D. Si l'on voulait, dans une même mesure, qu'une note fût altérée par un double dièse, et qu'une du même nom ne le fût que par un dièse, que faudrait-il faire?

R. Il faudrait mettre devant la seconde note un bécarre et un dièse.

7. D. Et si l'on voulait faire de même en employant des doubles bémols?

R. Il faudrait mettre devant la seconde note un bécarre et un bémol.

QUATRIÈME CLASSE (*G*).

Du Mode.

1. D. Qu'est-ce que le mode?

R. C'est le caractère affecté au ton.

2. D. Combien y a-t-il de mode?

R. Il y en a deux.

3. D. Quels sont-ils?

R. Le mode majeur et le mode mineur; *mode* et *ton* sont synonymes.

4. D. De quel mode sont les tons majeurs ?

R. Ils sont du mode majeur.

5. D. De quel mode sont les tons mineurs ?

R. Ils sont du mode mineur.

Du Moyen qu'il faut employer pour bien connaître si l'on est dans un ton du mode majeur, ou dans un ton du mode mineur.

6. D. De quel moyen se sert-on pour bien connaître si un morceau de musique est du mode majeur ou du mode mineur ?

R. Il faut examiner la quinte du ton majeur ; si elle n'est altérée ni par un dièse ni par un bécarre, on est dans le mode majeur ; si au contraire la quinte du ton majeur est altérée par un dièse ou par un bécarre, elle devient note sensible du ton relatif mineur, et l'on est dans le mode mineur.

Nota. La quinte se trouve presque toujours dans les premières mesures d'un morceau ; cependant quelquefois elle est éloignée ; alors on peut regarder la dernière note du morceau, qui ordinairement est la tonique. Si un morceau est à plusieurs parties, il faut examiner les premières mesures de chaque, la quinte ne se trouvant pas toujours à la première.

De la manière de rendre mineurs les tons majeurs, et de rendre majeurs les tons mineurs.

7. D. Comment peut-on rendre mineurs les tons majeurs qui ont des dièses à la clef ?

R. Pour tous les tons majeurs qui ont plus de deux dièses à la clef, en en retranchant trois on les rend mineurs ; pour le ton de *sol* majeur, on retranche le dièse qui est à la clef, et on y met deux bémols ; pour le ton de *ré* majeur, on retranche les deux dièses qui sont à la clef et on y met un bémol.

8. D. Comment peut-on rendre majeurs les tons mineurs qui ont des dièses à la clef ?

R. En ajoutant trois dièses à la clef.

9. D. Comment peut-on rendre mineurs les tons majeurs qui ont des bémols à la clef ?

R. En ajoutant trois bémols à la clef.

10. D. Comment peut-on rendre majeurs les tons mineurs qui ont des bémols à la clef ?

R. Pour le ton de *ré* mineur on retranche le bémol qui est à la clef, et on y met deux dièses ; pour le ton de *sol* mineur, on retranche les deux bémols qui sont à la clef, et on y met un dièse ; pour tous les autres tons mineurs, en retranchant trois bémols, on les rend majeurs.

QUATRIÈME CLASSE (*II*).

De la manière de transposer.

1. D. Qu'est-ce que transposer ?

R. C'est changer le ton d'un morceau, en le haussant ou en le baissant; par exemple, c'est mettre en *ré* ou en *si*, etc., un morceau qui est en *ut*.

2. D. Comment appelle-t-on le changement de ton d'un morceau qu'on hausse ou qu'on baisse ?

R. On l'appelle transposition.

3. D. Transpose-t-on de plusieurs manières ?

R. Oui; on transpose en écrivant et en chantant, ou en jouant d'un instrument.

4. D. Comment transpose-t-on lorsqu'on écrit ?

R. En mettant à la clef le nombre de dièses ou de bémols qui appartiennent au ton dans lequel on veut écrire; ensuite on examine si le morceau commence par la tonique, ou la dominante, etc., et l'on a soin de commencer par la tonique, ou la dominante, etc., du ton qu'on a choisi; on doit faire également attention à hausser ou baisser par des dièses, bémols, ou bécarres, toutes les notes qui sont altérées dans le morceau qu'on transpose. Un ton majeur ne peut pas être transposé en mineur.

5. D. Quand on transpose en écrivant, se sert-on de la même clef, ou en change-t-on ?

R. On peut se servir de la même, et on peut en changer; si l'on écrit sur la même clef, les notes changent de position sur la portée; si l'on ne veut pas changer les notes de position, il faut se servir d'une autre clef.

6. D. Quand on veut hausser ou baisser le morceau sans changer la position des notes, comment connaît-on la clef qu'il faut employer ?

R. On remarque, d'après la clef sur laquelle le morceau est écrit, sur quelle ligne ou dans quel interligne est posée la tonique; s'il y a une clef de *sol* au commencement de la portée, que le morceau soit en *ut* et qu'on veuille hausser d'une seconde ou baisser d'une septième, la tonique qui est *ut*, devenant un *ré*, il faut employer la clef d'*ut* troisième ligne.

Pour le hausser d'une tierce, ou le baisser d'une sixte, la tonique devenant un *mi*, il faut employer la clef de *fa*, quatrième ligne.

Pour le hausser d'une quarte ou le baisser d'une quinte, la tonique devenant un *fa*, il faut employer la clef d'*ut*, deuxième ligne.

Pour le hausser d'une quinte ou le baisser d'une quarte, la tonique devenant un *sol*, il faut employer la clef de *fa* troisième ligne.

Nota. La clef de *sol* et le ton d'*ut* sont donnés pour exemple, mais on fait le même calcul pour toutes les clefs et tous les tons.

Pour le hausser d'une sixte ou le baisser d'une tierce, la tonique devenant un *la*, il faut employer la clef d'*ut*, première ligne.

Pour le hausser d'une septième ou le baisser d'une seconde, la tonique devenant un *si*, il faut employer la clef d'*ut*, quatrième ligne.

7. D. Quand un morceau est en *ré* naturel et qu'on veut le mettre en *ré* dièse, ou en *ré* bémol, faut-il changer les notes de position sur la portée?

R. Si l'on ne change pas la clef, les notes portant le même nom, ne changent pas de position, il faut seulement placer à la clef, le nombre de dièses ou de bémols nécessaires; si on change la clef, les notes changent de position, selon la clef que l'on choisit.

Le ton de *ré* est donné comme exemple, mais on fait le même calcul pour tous les tons.

8. D. Comment transpose-t-on en chantant ou en jouant d'un instrument?

R. On transpose comme quand on ne change pas les notes de position en écrivant.

QUATRIÈME CLASSE (*1*).

Du Mouvement.

1. D. Qu'est-ce que le mouvement?

R. Le mouvement est le degré de lenteur ou de vitesse dans lequel on exécute un morceau de musique.

Autrefois, le mouvement suivait la nature de la mesure, c'est-à-dire qu'il y avait des mesures appartenant aux mouvemens lents; d'autres aux mouvemens modérés, et d'autres aux mouvemens vifs; les mouvemens augmentaient de vitesse, suivant que les mesures diminuaient de valeur.

La musique moderne n'observe plus rigoureusement cette règle; on se sert maintenant de différens termes placés au commencement des morceaux pour en indiquer le mouvement; on les place aussi dans le cours d'un morceau, si on veut aller plus vite ou plus doucement.

2. D. Quels sont ces termes?

R. Ces termes sont:

	Termes Italiens.	*Signification.*
Mouvemens lents:	*Grave*........	Grave, le plus lent de tous les mouvemens.
	Largo........	Large. } très-lent.
	Lento........	Lent.. } très-lent.
	Adagio.......	Lentement, et posément.
	Sostenuto.....	Soutenu, lentement en soutenant les sons.
	Cantabile....	Un peu moins lent, avec grâce.

Moins lents........	*Maestoso*......	Majestueux.
	Affettuoso.....	Affecteux.
	Moderate tempo di minuetto..	Modéré ou temps de menuet.
Encore moins lents.	*Larghetto*.....	Diminutif de largo.
	Tempo di marcia.........	Temps de marche.
	Andante......	Allez, mouvement gracieux.
	Andantino.....	Diminutif d'andante.
	Tempo giusto..	Temps juste, ni trop lent, ni trop vif.
	Grasioso......	Gracieux, avec grâce.
	Allegretto.	
Vifs.............	*Allegro*, et par	D'un caractère gracieux.
	abréviation *all°*.	Gai.
	Vivace.......	Avec vivacité.
	Agitato.......	Agité.
Très-vifs.........	*Presto*........	Vif.
	Prestissimo....	Très-vif.

3. D. N'ajoute-t-on pas d'autres termes à ceux qui indiquent le mouvement ?

R. Oui; on en ajoute qui donnent différens caractères aux mouvemens.

4. D. Quels sont ces termes ?

Termes italiens.	*Signification.*
R. Doloroso..................	Douloureux.
Non troppo................	Pas trop.
Assai......................	Assez.
Con brio....................	Avec du brillante.
Con espressione.............	Avec expression.
Agitato.....................	Agité.
Scherzando..................	Gai.
Mosso......................	Animé.
Con moto....................	Avec du mouvement.
Molto......................	Beaucoup.

QUATRIÈME CLASSE (*J*).

Des Signes et Termes dont on se sert pour indiquer le degré de force ou de faiblesse qu'on doit donner aux sons dans le cours d'un morceau.

1. D. Quels sont les signes et

R. On emploie le signe de renforcement qui indique de com-

termes dont on se sert pour indiquer le degré de force ou de faiblesse qu'on doit donner aux sons?

mencer doux et de finir fort la note ou le passage sur lequel il est placé;

Et le signe d'affaiblissement qui indique de commencer fort et de finir doux la note ou le passage sur lequel il est placé.

Termes italiens.	*Abréviations.*	*Significations.*
Piano...........	Pia, ou P........	Doux.
Pianissimo........	P^{mo}. ou pp.......	Très-doux.
Dolce............	Dol.............	Doux.
Sforzando, ou rinforzando.......	Sfor, *ou* SF. *ou* rinf.	Renforçant subitement.
Mezzo forte.......	Mez for, *ou* M. F.	Demi-fort.
Forte............	For, *ou* F.......	Fort.
Fortissimo........	F^{imo}., *ou* FF.....	Très-Fort.
Crescendo........	Crès............	En renforçant.
Grescendo paco a paco.	Crès poco a poco..	En renforçant peu à peu.
Smorzando, ou diminuendo, ou calando.......	Smorz, ou dimin..	En diminuant.
Con espressione...	Espre...........	Avec expression.
Mesto...........	....	Triste.
Con delicatezza...	....	Avec délicatesse.
Con grazia.......	....	Avec grâce.
Ritardendo	....	En retardant.
Accelerando......	....	En accélérant.
Ad libitum, *ou* a piacere...........	Ad libi..........	Ces deux derniers termes

signifient que l'on peut ralentir ou presser la mesure, à volonté.

A tempo signifie que l'on doit reprendre le premier mouvement.

Colla parte, ou *Colla voce*, signifie que les accompagnemens doivent suivre la partie chantante.

Tenuto, ou *Ten*, ce terme signifie de tenir la note sur laquelle il est placé tout le temps de sa valeur.

2. D. Comment nomme-t-on l'effet de tous les termes et signes?

R. On le nomme nuance; c'est au moyen des nuances que l'on met de l'expression en chantant ou en jouant d'un instrument.

Nota. Généralement, quand un passage monte, on augmente les notes les plus hautes; quand il descend, on diminue les notes les plus basses.

QUATRIÈME CLASSE (*K*).

Des différentes manières de détacher les notes.

1. D. Qu'est-ce que détacher la note?	*R*. C'est la quitter avant la fin de sa valeur.
2. D. Combien y a-t-il de manières de détacher les notes?	*R*. Il y en a deux, pour le chant.
3. D. Comment les marque-t-on?	*R*. On les marque par des points longs et des points ronds, que l'on pose dessus ou dessous la tête des notes.
4. D. Quel effet produisent les points longs?	*R*. Ils diminuent les notes des trois quarts de leur valeur.
5. D. Quel effet produisent les points ronds?	*R*. Ils diminuent les notes de la moitié de leur valeur.
6. D. Comment appelle-t-on les notes sur lesquelles on met des points ronds?	*R*. On les appelle notes piquées.

De la Liaison.

7. D. Qu'est-ce que la liaison?	*R*. C'est un trait recourbé, qui se place sur deux, trois, quatre notes, et souvent sur une mesure entière, même sur plusieurs de suite.
8. D. Quel effet produit la liaison?	*R*. Elle produit l'effet contraire à celui des points qui font détacher la note; les notes sur lesquelles la liaison est placée, doivent être tenues jusqu'au bout de leur valeur; le mot italien *legato*, qui veut dire lié, se met quelquefois à la place d'une liaison de plusieurs mesures.
9. D. Lorsque la liaison est placée sur deux notes, les tient-on jusqu'au bout de leur valeur?	*R*. On tient la première note que l'on fait *fort*, et l'on quitte de suite la seconde, que l'on fait *piano*; souvent on met un point long sur la seconde note.
10. D. Lorsque la liaison est placée sur trois notes, les tient-on jusqu'au bout de leur valeur?	*R*. On tient les deux premières notes, dont la première est *fort*, et on quitte de suite la troisième, qui est *piano*.

QUATRIÈME CLASSE (*L*).

Des Agrémens.

1. D. Qu'est-ce que les agrémens?	*R*. Les agrémens sont de petites notes qu'on place dans le cours d'une mesure.

2. D. Les agrémens augmentent-ils la durée des mesures ?

R. Non; la mesure doit être complète sans le secours des agrémens, ils empruntent leur valeur sur les notes qui les suivent, ou sur lesquelles ils sont placés.

3. D. Il y a-t-il plusieurs espèces d'agrémens?

R Oui; il y a la petite note simple ou *appogiatura*, les petites notes doubles, le trille ou cadence, le mordant, appelé par les italiens *mordente;* le *grupetto* avant la note, et le *grupetto* après la note; le trille se pose sur la note la plus basse; on appelle apprêter le trille, faire avant un *grupetto*, ou les petites notes doubles, et on le finit par deux ou trois petites notes à volonté.

4. D. Peut on marquer les agrémens autrement qu'en mettant toutes les notes ?

R. Oui; plusieurs ont un signe qui en indique les notes.

5. D. Nomme-t-on les petites en solfiant?

R. Non; pour la petite note simple, la petite note double et le *grupetto*, avant la note, on prononce le nom de la note qui les suit sur leur son; pour le trille, le mordente et le grupetto après la note, on prononce le nom de la note sur laquelle ils sont posés; on met une liaison entre la petite note simple, la petite note double, le grupetto avant la note, et la note qui les suit; la petite note simple prend ordinairement la moitié de la valeur de la note devant laquelle elle est placée.

6. D. Y a-t-il d'autres agrémens?

R. Oui; on nomme aussi agrémens des petites notes qui n'ont point de nombre déterminé et qui sont variées de différentes manières, selon le goût de la personne qui chante ou qui joue d'un instrument; ces agrémens-là se nomment traits, ou broderies.

Nota. Le trille est appelé généralement cadence; mais ce nom appartient à un repos musical, qu'on connaît en étudiant l'harmonie.

QUATRIÈME CLASSE (*M*).

Du Point d'Orgue.

1. D. Qu'est-ce que le point d'orgue ?

R. C'est un point surmonté d'un trait recourbé.

2. D. Comment le place-t-on?

R. On le place dessus et dessous la tête des notes et sur les silences.

3. D. A quoi sert-il ?

R. Il sert à faire rester sur les notes, ou les silences sur lesquels il est posé, plus long-temps que leur valeur.

4. D. Lorsque le point d'orgue est placé sur la première note d'une mesure, comment le nomme-t-on?

R. On le nomme point de repos; on peut y rester le temps que l'on veut, mais sans y ajouter ni aucun trait ni aucun agrément.

5. D. Lorsque le point d'orgue est placé sur la première note d'une

R. On le nomme aussi point de repos, mais on peut y ajouter quelques traits.

mesure et qu'il est suivi d'une autre note, comment le nomme-t-on?

6. D. Lorsque le point d'orgue est placé sur une note suivie de silences sur lesquels il y a aussi un point d'orgue, comment le nomme-t-on?

R. On le nomme point d'arrêt ou de suspension; ce point indique qu'on doit quitter la note aussitôt qu'on l'a attaquée.

7. D. Lorsque le point d'orgue est placé sur la première note d'une mesure et qu'il est suivi d'un trille, comment le nomme-t-on?

R. On le nomme *point final*; on peut y ajouter tous les traits que l'on veut; les italiens appellent le point final *cadenza.*

QUATRIÈME CLASSE (*N*).

De l'Accolade.

1. D. Qu'est-ce que l'accolade?

Nota. On peut augmenter le nombre de portées à volonté, suivant le nombre de parties qui marchent ensemble.

R. C'est un trait qui joint plusieurs portées sur lesquelles sont écrites différentes parties qui doivent être exécutées ensemble.

Du Renvoi.

2. D. Qu'est-ce que le renvoi?

R. C'est un signe qui sert à faire recommencer depuis l'endroit où il y a un autre signe pareil, jusqu'au mot *fin*; ordinairement on met *dacapo*, et par abréviation, D. C., après le renvoi qui fait recommencer.

3. D. Il y a-t-il plusieurs manières de faire les renvois?

R. Oui; mais tous produisent le même effet; on place encore au nombre des renvois, des points qu'on pose sur la portée contre les barres de mesure, pour faire recommencer une ou plusieurs mesures; alors on met au-dessus de ces mesures le mot *bis*, surmonté d'un trait recourbé.

Du Guidon.

4. D. Qu'est-ce que le guidon?

R. C'est un signe qu'on peut placer à la fin d'une portée sur la ligne ou dans l'interligne de la note qui commence la portée suivante; si la note est altérée par un signe accidentel, il faut que le guidon le soit aussi.

Des Abréviations.

5. D. Qu'est-ce que l'abréviation?

R. C'est la manière de représenter plusieurs notes par une seule, ou par un signe qui les remplace.

QUATRIÈME CLASSE (o).

Du Tremolo.

1\. D. Qu'est-ce que le tremolo ?

R. C'est un signe qu'on emploie quelquefois sur les rondes dans les parties d'accompagnement des instrumens à archet, et pour la timbale ; l'effet du *tremolo* est le même que celui qui est produit par une suite de triples croches dans un mouvement vif ; quand on veut que le *tremolo* soit exécuté moins vite, on met des points alongés sous la barre tremblée pour indiquer les coups d'archet.

De la manière d'éviter de mettre beaucoup de lignes supplémentaires.

2\. D. Dans la musique des instrumens qui peuvent monter beaucoup au-dessus de la portée, comment évite-t-on de mettre des lignes supplémentaires ?

R. On note le passage qui monte au-dessus de la portée une octave plus bas qu'on ne doit l'exécuter, et on met au-dessus un 8, précédé d'un à et d'un l', et l'on fait à la suite une barre tremblée, qu'on prolonge autant qu'on veut que le passage soit joué plus haut qu'il n'est noté, et lorsqu'on veut qu'on joue à l'octave où est noté le passage, on termine la barre tremblée et l'on écrit *loco*, qui veut dire à sa place.

De ce que signifie un 8 placé dessous ou dessus une note.

3\. D. Dans la musique instrumentale, que signifie un huit placé dessous ou dessus une note ?

R. Le 8 placé dessus la note, indique de faire cette note avec celle à l'octave supérieure ; le 8 placé dessous la note, indique de faire cette note avec celle à l'octave inférieure ; quelquefois, quand on veut qu'un passage soit fait en octaves, on met le 8 au commencement, et on fait une barre tremblée, jusqu'à ce qu'on ne veuille plus que l'on fasse d'octaves.

DE L'IMPRIMERIE DE NOUZOU, RUE DE CLÉRY, N°. 9, A PARIS.

www.ingramcontent.com/pod-product-compliance
Ingram Content Group UK Ltd.
Pitfield, Milton Keynes, MK11 3LW, UK
UKHW022144260726
13993UKWH00005B/2141

9 782329 173658